Hallo!

In der Geschichte findest du an einigen Stellen Profifragen zum Text.

Die Antworten sind auf der jeweiligen Seite im Fragekasten versteckt.

Viel Spaß beim Lesen und Rätseln!

Weitere Informationen zum Kinder- und Jugendbuchprogramm
finden Sie unter: www.fischer-sauerlaender.de

MIX
Papier | Fördert gute Waldnutzung
FSC® C002795
www.fsc.org

14. Auflage 2025

Erschienen bei FISCHER Duden Kinderbuch

Fachberatung: Ulrike Holzwarth-Raether
Umschlagkonzept: Frauke Schneider, Wittighausen
Umschlaglayout: Mischa Acker, Brühl
Gestaltungskonzept und Layout:
Farnschläder & Mahlstedt, Hamburg
Druck und Bindung: Livonia Print, Riga
Printed in Latvia
ISBN 978-3-7373-3218-7

Kontaktadresse nach EU-Produktsicherheitsverordnung:
produktsicherheit@fischer-sauerlaender.de

Leseprofi

Die geheimnisvolle Schatzkarte

Manfred Mai und Martin Lenz

mit Bildern von Betina Gotzen-Beek

FISCHER SAUERLÄNDER

Übernachten bei Opa

Leons Eltern sind eingeladen.
Darum darf er bis morgen
zu Opa Heinz.
Der hat ein altes Haus.
Es ist voller Geheimnisse.

Leon und Mama
packen Leons Tasche.
Er sagt: „Ich bin gespannt,
was wir diesmal machen!“
Sie wuschelt ihm durchs Haar.
„Lass dich überraschen.“

Eine Stunde später
sind sie bei Opa.
Er wartet schon.
Leon rennt auf ihn zu
und umarmt ihn.

„Toll, dass du da bist!“,
sagt Opa.
Er redet kurz
mit Leons Eltern.
Aber die haben wenig Zeit.
Sie müssen bald weiter.

Aufräumen?

Leon fragt neugierig:
„Was machen wir heute?“
Opa sagt: „Auf dem Dachboden
liegt viel altes Zeug.
Ich muss aufräumen.
Hilfst du mir dabei?“

„Aufräumen?
Das ist langweilig!“,
brummt Leon.
Das muss er doch
zu Hause immer.

Leon ist enttäuscht.
Kann Opa nicht
allein aufräumen?
Lustlos folgt er ihm.
Er war noch nie
auf dem Dachboden.

Eine alte, schmale Holztreppe
führt steil nach oben.
Sie knarrt laut.
Leon bekommt
einen Schreck.

Profifrage 1

Was stimmt?
Die Treppe

- knurrt.
- knarrt.
- knackt.

Lösung: knarrt.

Die Truhe

Oben ist es dunkel
und ein bisschen
unheimlich.
Leon schaut unsicher um sich.
Was da alles rumsteht!

Im Gerümpel entdeckt er
eine Truhe.
„Was ist da drin?“,
fragt er.
Opa sagt:
„Mach sie doch auf!“

Leon denkt nach.
Vielleicht alte Spielsachen?
Vielleicht etwas, das schon
sehr, sehr lang da drin liegt?
Vielleicht ist Aufräumen
doch ganz spannend!

Opa steht vor dem Schrank.
Er beobachtet Leon gespannt.
Leon geht zu der Truhe
und legt seine Hand
auf das Holz.

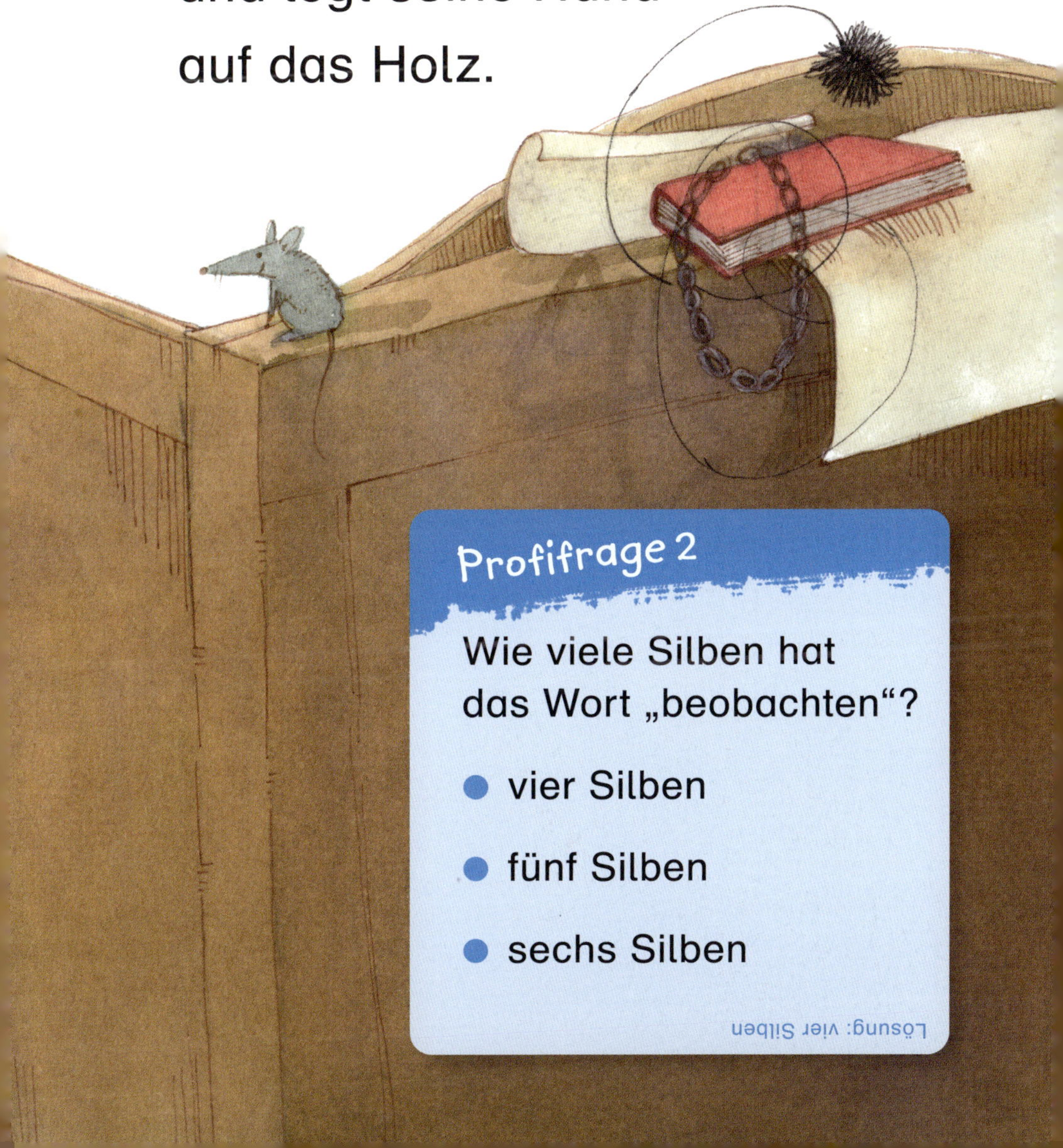

Profifrage 2

Wie viele Silben hat
das Wort „beobachten“?

- vier Silben
- fünf Silben
- sechs Silben

Lösung: vier Silben

Er zögert.
Dann öffnet er den Deckel.
Er ist ziemlich schwer.
Leons Herz klopft laut.
Aber er sieht nur
alte Bücher.

Leon beugt sich vor.
Er greift nach einem Buch.
Da entdeckt er dahinter
eine große Papierrolle.

Alles Papierkram?

Leon nimmt aufgeregt
die Rolle aus der Truhe.
„Was kann das sein, Opa?“,
fragt er.
„Das ist bestimmt
alter Papierkram“, sagt Opa.

Vorsichtig löst Leon
die Schnur von dem Papier.
Dann rollt er es
langsam auseinander.
Opa sieht ihm dabei zu.

Profifrage 3

Wie löst Leon
die Schnur?

- langsam
- vorsichtig
- aufgeregt

Lösung: vorsichtig

Leon kann es nicht glauben.
„Das ist ja
eine Schatzkarte!“,
ruft er.
„Bist du sicher?“,
fragt Opa.

Sie schauen die Karte an.
Darauf erkennen sie
Straßen, Wege und Häuser.
Leon zeigt auf eine Kiste
mit einer kleinen Fahne.
Da ist der Schatz!

Leon überlegt.
Das Meer ist nicht weit.
Vielleicht haben Piraten
hier in der Gegend
ihr Gold versteckt!
Leon ist ganz aufgeregt.

Er ruft: „Los, Opa!
Wir suchen den Schatz!“
Aber Opa will erst mal
die Karte genauer ansehen.
Unten in der Küche
ist mehr Licht.

Nun erkennen sie genau
ein Haus mit Garten.
In einer Ecke
steht ein Schuppen.
In der anderen Ecke
steht eine Tanne.

Leon starrt auf die Karte.
Er ruft: „Das sieht aus
wie in deinem Garten!“
Leon nimmt die Karte
und rennt hinaus.

Der Fund

Es stimmt!

Da ist der Schuppen.

Da ist die Tanne.

Hier muss der Schatz sein!

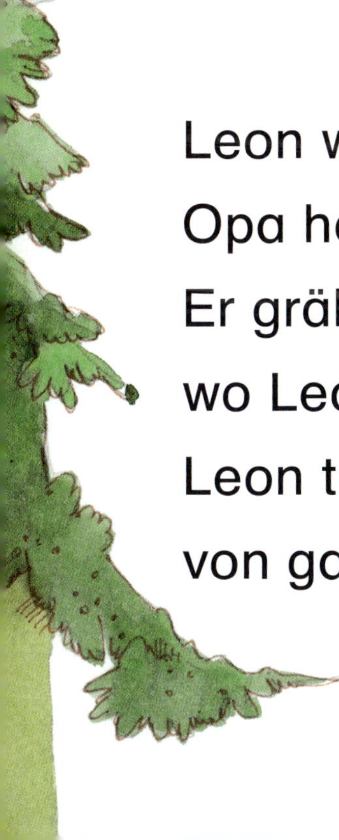

Leon winkt Opa herbei.
Opa holt einen Spaten.
Er gräbt genau da,
wo Leon hinzeigt.
Leon träumt schon
von ganz viel Gold.

Opa gräbt und gräbt.
Leon ist richtig zappelig.
„Da ist keine Schatzkiste“,
sagt Opa. „Hast du die Stelle
genau ausgemessen?“

Daran hat Leon nicht gedacht.
Er war zu aufgeregt.
Jetzt messen sie alles
ganz genau ab.
Mit dem Zollstock.

Profifrage 4

Was ist ein Zollstock?

ein Maßband

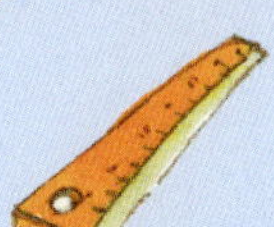
ein Lineal

ein Meterstab

Lösung: ein Meterstab

Leon gräbt jetzt selbst.
Er stößt den Spaten
fest in die Erde.
„Vorsicht!“, sagt Opa.
Nicht, dass Leon
die Schatzkiste kaputt macht!

Plötzlich macht es „Klong!“
Der Spaten trifft
auf etwas Hartes.
„Da ist was!“, ruft Leon.
Er geht auf die Knie
und buddelt mit den Händen.

Sie können schon Holz sehen.
Leon buddelt immer schneller.
Es ist eine Kiste!
Opa kniet jetzt neben Leon
und hilft ihm.

Gemeinsam holen sie
die Kiste aus dem Loch.
Das Schloss ist offen.
Leon hebt gespannt
den Deckel hoch.

Ein Schatz für Leon

Erst sieht Leon nur Holzwolle.
Vorsichtig nimmt er sie weg.
Dann hält er den Atem an.
Ein echtes Fernrohr!
Ein echter Kompass!

„Das haben
Seeräuber versteckt!“,
rutscht es ihm heraus.
Opa lächelt. Leon fragt:
„Darf ich den Schatz
behalten?“

„Natürlich“, sagt Opa.
„Du hast ihn
ja auch gefunden.“
Das Fernrohr ist aus Messing.
Es sieht richtig alt aus.

Leon nimmt es in die Hand
und schiebt es auseinander.
Er schaut hindurch.
Es funktioniert!
Alles kann er
ganz, ganz nah sehen!

Piratenpläne

Opa sagt: „Und der Kompass hilft uns morgen.
Damit finden wir den Weg."
„Welchen Weg?", fragt Leon.

„Na, auf unserer Bootsfahrt!“,
sagt Opa.
Leon ruft: „Eine Bootsfahrt?
Dann bin ich der Kapitän!“
„Aye, aye, Käpten!“, sagt Opa
und steht stramm.

Da muss Leon lachen.
Eins ist klar:
Er hat den besten Opa
auf der ganzen Welt!
Und morgen gehen
die Seeräuber auf große Fahrt!

Für Vollprofis

Jetzt ist die Geschichte zu Ende.
Hier geht's mit Rätseln für Vollprofis weiter!
Die Lösungen findest du auf der Rückseite.

1. Was findet Leon in der Truhe?

POSTKARTESPEISEKARTESPIELKARTE
LANDKARTEAUTOKARTEWETTERKARTE
SCHATZKARTEFAHRKARTEMONATSKARTE
KUNDENKARTEWANDERKARTE

2. Wie heißen die Wörter richtig, und wo findest du sie?

Rapierpolle
■ ______________________ Seite ____

Bachdoden
● ______________________ Seite ____

Wolzholle
◆ ______________________ Seite ____

Katzschiste
▲ ______________________ Seite ____

3. Was ist was? Verbinde.

- Holzwolle ○
- Riegel ○
- Zollstock ○
- Fernrohr ○

- ○ ▮ Damit kann man etwas ausmessen.
- ○ ◗ Damit kann man zerbrechliche Dinge verpacken.
- ○ ▼ Damit kann man alles ganz nah sehen.
- ○ ♥ Damit kann man etwas verschließen.

Herzlichen Glückwunsch!

Geschafft. Jetzt bist du ein echter Leseprofi! Noch mehr spannende Bücher findest du unter www.duden-leseprofi.de

Lösungen

1. Schatzkarte
2. ■ Papierrolle S. 19
   ● Dachboden S. 10, S. 12
   ◆ Holzwolle S. 36
   ▲ Schatzkiste S. 30, S. 32
3. Holzwolle: ◗
   Riegel: ♥
   Zollstock: ▮
   Fernrohr: ▼

Leseprofi von Duden – von Anfang an richtig

1. Klasse

Jeweils 48 Seiten, gebunden.

- Beste Freundinnen
  ISBN 978-3-7373-3492-1
- Ein Bär reißt aus
  ISBN 978-3-7373-3644-4
- Eine Mumie geht zur Schule
  ISBN 978-3-7373-3447-1
- Die abenteuerliche Schatzsuche
  ISBN 978-3-7373-3632-1

2. Klasse

Jeweils 64 Seiten, gebunden.

- Diamantenklau im Hafen
  ISBN 978-3-7373-3471-6
- Eine Gruselnacht im Zelt
  ISBN 978-3-7373-3442-6
- Die Bienenretter
  ISBN 978-3-7373-3475-4
- BMX und sonst nix!
  ISBN 978-3-7373-3374-0

Alle Duden Leseprofis finden Sie unter
www.duden-leseprofi.de